나도 예쁜 글씨를 쓰고 싶다

성경 필사하며 악필 교정

김하연 글씨

육일문화사

일러두기

I 단계

한글 자음과 모음, 받침 있는 글자 등을 중심선 있는 칸에서 점선 글씨를 따라 쓴 다음 스스로 써 볼 수 있도록 하였습니다.

II 단계

주기도문, 시편 1편, 로마서 12장을 읽고 묵상한 뒤 성경말씀을 중심선 있는 칸에서 점선 글씨를 따라 쓴 다음 스스로 써 볼 수 있도록 하였습니다.

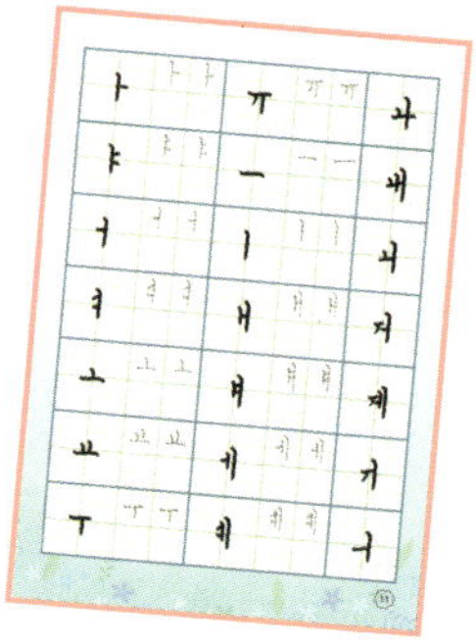

III 단계

고린도전서 13장, 시편 23편, 시편 42편을 읽고 묵상한 뒤 성경 말씀을 중심선 없는 칸에서 점선 글씨를 따라 쓴 다음 스스로 써 볼 수 있도록 하였습니다.

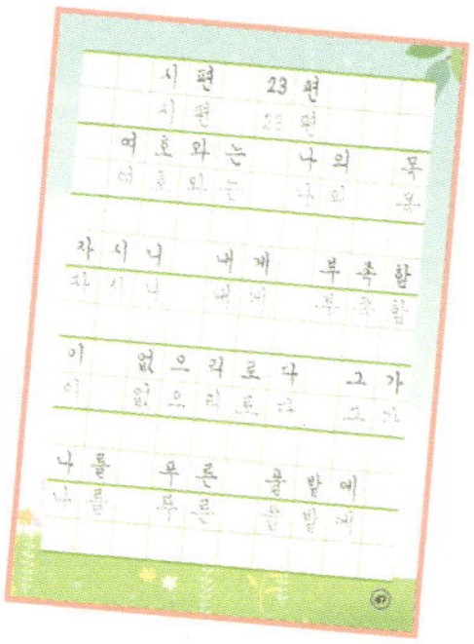

IV 단계

요절 말씀을 읽고 묵상한 뒤 보면서 줄 노트에 스스로 써 볼 수 있도록 하였습니다.

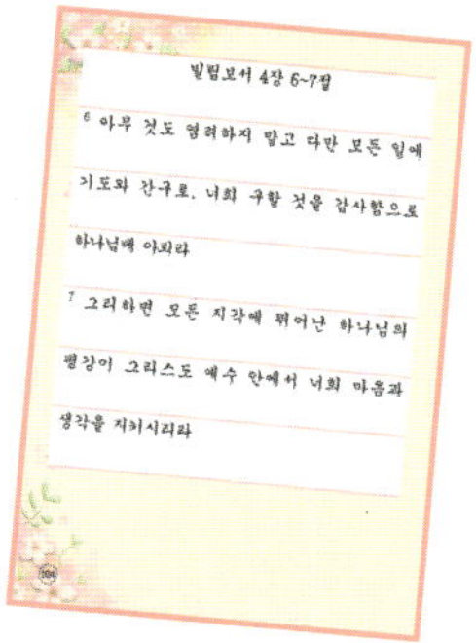

부록 야곱의 축복 - 가사의 의미를 생각하면서 멋지게 써 볼 수 있도록 하였습니다.

사람들이 저에게 글씨를 잘 쓰는 비법이 뭐냐고 묻습니다. 비법은 **크게, 천천히, 생각하면서 따라 쓰기를 반복**하는 것입니다. 펜과 달리 속도를 조절하면서 쓸 수 있는 2B 연필로 크게, 천천히 생각하면서 **중심선 있는 칸에서 중심을 잡아가며 따라 쓰기**를 반복하다 보면 나중엔 **중심선 없는 칸에서도 예쁘게 잘 쓸 수 있게 될 것입니다.**

자음은 글자 모양에 따라 5가지 **'ㄱ, ㅋ'**, **'ㄴ, ㄷ, ㄹ, ㅌ'**, **'ㅁ, ㅂ, ㅍ'**, **'ㅅ, ㅈ, ㅊ'**, **'ㅇ, ㅎ'** 종류가 있어 종류에 따라 쓰는 방법이 다르고, 모음은 **'ㅏ, ㅓ, ㅗ'**는 점을 한 가운데 써야 하지만 **'ㅜ'**의 경우는 2/3 지점(중앙보다 오른쪽에 치우쳐서)에서 마지막 획을 써야 합니다.

그리고 글자의 모양은 크게 2가지입니다. 받침이 없는 경우는 글꼴이 삼각형(△, ◁)이고, 받침이 있는 경우는 글꼴이 마름모형(◇)이나 삼각형(◁)입니다. 이런 점을 생각해서 쓰다보면 나중엔 생각하지 않아도 자연스럽게 손가락이 자음과 모음의 자리를 알고 쓰게 됩니다.

하루에 10분씩이라도 매일 계획표대로 천천히 따라 쓰기 연습을 하세요. 그러면, 변화되는 본인의 **예쁜 글씨**에 놀라게 될 것입니다.

다른 책과 달리 주기도문, 시편 1편, 시편 23편, 시편 42편, 고린도전서 13장, 로마서 12장 등 성경 말씀을 읽고 필사하면 **믿음**이 **성장**하고, 마음이 편안해 집니다.

요절 말씀을 쓰기 전에 암송을 하면 **암기력** 또한 **향상**되어 집니다.

그리고 칸 안의 점선 글씨를 한 글자 한 글자씩 따라 쓰다 보면 **집중력**이 **향상**되어 집니다.

여러분은 이 책을 통해 **글씨, 믿음, 집중력, 암기력 4가지**가 **향상**되는 기회를 가져 보실 수 있을 것입니다.

감사합니다.

차례

줄 노트에서 쓰기

계획표를 작성해서 실천해 보세요~~

● 시작한 날짜 : (　　년　월　일)

단계	1일	2일	3일
Ⅰ 단계	자음과 모음 쓰기 월　일	받침 없는 글자 쓰기 월　일	받침 없는 글자 쓰기 월　일
Ⅱ 단계	주기도문 월　일	시편 1편 점선 따라 쓰기 월　일	시편 1편 보고 쓰기 월　일
Ⅲ 단계	고린도전서 13장 점선 따라쓰기 월　일	고린도전서 13장 점선 따라 쓰기 월　일	시편 23편 점선 따라쓰기 월　일
Ⅳ 단계	민 23:19, 신 6:5 수 1:8~9 시 37:4 시 37:23~24 월　일	잠 9:10, 잠 16:3 잠 16:9, 잠 19:11 마 5:44, 마 6:6 월　일	마 11:28~30 요 3:16, 요 8:12 요 13:34, 요 14:6 월　일

● 마친 날짜 : (　　년　월　일)

4일	5일	6일
받침 있는 글자 쓰기 월 일	받침 있는 글자 쓰기 월 일	받침 있는 글자 쓰기 월 일

4일	5일	6일
로마서 12장 보고 쓰기 월 일	로마서 12장 보고 쓰기 월 일	로마서 12장 보고 쓰기 월 일

4일	5일	6일
시편 23편 보고 쓰기 월 일	시편 42편 보고 쓰기 월 일	시편 42편 보고 쓰기 월 일

4일	5일	6일
행 1:8, 행 16:31 롬 5:19, 롬 8:28 고전 10:13 월 일	갈 2:16 빌 4:6~7 빌 4:13 살전 5:16~18 월 일	야곱의 축복 월 일

한글 쓰기의 기본 연습

자음과 모음 쓰기

받침 없는 글자 쓰기

받침 있는 글자 쓰기

ㄱ	ㄱ	ㄱ	ㄱ	ㅇ	ㅇ	ㅇ	ㅇ
ㄴ	ㄴ	ㄴ	ㄴ	ㅈ	ㅈ	ㅈ	ㅈ
ㄷ	ㄷ	ㄷ	ㄷ	ㅊ	ㅊ	ㅊ	ㅊ
ㄹ	ㄹ	ㄹ	ㄹ	ㅋ	ㅋ	ㅋ	ㅋ
ㅁ	ㅁ	ㅁ	ㅁ	ㅌ	ㅌ	ㅌ	ㅌ
ㅂ	ㅂ	ㅂ	ㅂ	ㅍ	ㅍ	ㅍ	ㅍ
ㅅ	ㅅ	ㅅ	ㅅ	ㅎ	ㅎ	ㅎ	ㅎ

ㅏ	ㅏ	ㅏ	ㅠ	ㅠ	ㅠ	ㅘ
ㅑ	ㅑ	ㅑ	ㅡ	ㅡ	ㅡ	ㅙ
ㅓ	ㅓ	ㅓ	ㅣ	ㅣ	ㅣ	ㅚ
ㅕ	ㅕ	ㅕ	ㅐ	ㅐ	ㅐ	ㅝ
ㅗ	ㅗ	ㅗ	ㅒ	ㅒ	ㅒ	ㅞ
ㅛ	ㅛ	ㅛ	ㅔ	ㅔ	ㅔ	ㅟ
ㅜ	ㅜ	ㅜ	ㅖ	ㅖ	ㅖ	ㅢ

가	갸	거	겨	고	교	구	규	그	기
가	갸	거	겨	고	교	구	규	그	기
나	냐	너	녀	노	뇨	누	뉴	느	니
나	냐	너	녀	노	뇨	누	뉴	느	니
다	댜	더	뎌	도	됴	두	듀	드	디
다	댜	더	뎌	도	됴	두	듀	드	디
라	랴	러	려	로	료	루	류	르	리
라	랴	러	려	로	료	루	류	르	리

마	먀	머	며	모	묘	무	뮤	므	미
마	먀	머	며	모	묘	무	뮤	므	미
바	뱌	버	벼	보	뵤	부	뷰	브	비
바	뱌	버	벼	보	뵤	부	뷰	브	비
사	샤	서	셔	소	쇼	수	슈	스	시
사	샤	서	셔	소	쇼	수	슈	스	시
아	야	어	여	오	요	우	유	으	이
아	야	어	여	오	요	우	유	으	이

자	쟈	저	져	조	죠	주	쥬	즈	지
자	쟈	저	져	조	죠	주	쥬	즈	지

차	챠	처	쳐	초	쵸	추	츄	츠	치
차	챠	처	쳐	초	쵸	추	츄	츠	치

카	캬	커	켜	코	쿄	쿠	큐	크	키
카	캬	커	켜	코	쿄	쿠	큐	크	키

타	탸	터	텨	토	툐	투	튜	트	티
타	탸	터	텨	토	툐	투	튜	트	티

파	퍄	퍼	펴	포	표	푸	퓨	프	피
파	퍄	퍼	펴	포	표	푸	퓨	프	피

하	햐	허	혀	호	효	후	휴	흐	히
하	햐	허	혀	호	효	후	휴	흐	히

ㅐ	ㅐ	애	애	개	개
ㅒ	ㅒ	얘	얘	냬	냬
ㅔ	ㅔ	에	에	데	데
ㅖ	ㅖ	예	예	례	례
ㅘ	ㅘ	와	와	과	과
ㅙ	ㅙ	왜	왜	쇄	쇄
ㅚ	ㅚ	외	외	쇠	쇠
ㅝ	ㅝ	워	워	줘	줘
ㅞ	ㅞ	웨	웨	췌	췌
ㅟ	ㅟ	위	위	휘	휘
ㅢ	ㅢ	의	의	희	희

각	각		것	것		곱	곱	
낙	낙		넛	넛		놉	놉	
닥	닥		덧	덧		돕	돕	
랏	랏		런	런		록	록	
맛	맛		먼	먼		목	목	
밧	밧		번	번		복	복	
삽	삽		성	성		솔	솔	
암	암		엉	엉		올	올	
잠	잠		정	정		졸	졸	
찹	찹		첨	첨		촘	촘	
캅	캅		컴	컴		콤	콤	
탑	탑		텀	텀		톰	톰	
팟	팟		펄	펄		폭	폭	
핫	핫		헐	헐		혹	혹	

궁	궁		근	근		깁	깁		
눙	눙		는	는		닙	닙		
둥	둥		든	든		딥	딥		
룬	룬		름	름		릭	릭		
문	문		믐	믐		믹	믹		
분	분		븜	븜		빅	빅		
숙	숙		습	습		실	실		
욱	욱		읍	읍		일	일		
죽	죽		즙	즙		질	질		
춤	춤		층	층		칫	칫		
쿰	쿰		킁	킁		킷	킷		
툼	툼		틍	틍		팃	팃		
풋	풋		플	플		핌	핌		
훗	훗		흘	흘		힘	힘		

ㄳ	넋	삯	ㄵ	앉	얹	ㄶ	않	찮	
ㄳ	넋	삯	ㄵ	앉	얹	ㄶ	않	찮	
ㄺ	칡	흙	ㄻ	삶	앎	ㄼ	얇	엷	
ㄺ	칡	흙	ㄻ	삶	앎	ㄼ	얇	엷	
ㄾ	핥	훑	ㅀ	끓	옳	ㅄ	값	없	
ㄾ	핥	훑	ㅀ	끓	옳	ㅄ	값	없	
까	꼬	따	또	빠	뽀	싸	쏘	짜	쪼
까	꼬	따	또	빠	뽀	싸	쏘	짜	쪼

권 세 와 영 광 이

중심선 있는
칸에서 쓰기

주기도문(마태복음 6장 9~13절)

시편 1편

로마서 12장

주기도문

하늘에 계신 우리 아버지여
이름이 거룩히 여김을 받으시오며
나라가 임하시오며
뜻이 하늘에서 이루어진 것 같이
땅에서도 이루어지이다
오늘 우리에게 일용할 양식을 주시옵고
우리가 우리에게 죄 지은 자를 사하여 준 것 같이
우리 죄를 사하여 주시옵고
우리를 시험에 들게 하지 마시옵고
다만 악에서 구하시옵소서
나라와 권세와 영광이 아버지께 영원히 있사옵나이다 아멘

(마태복음 6장 9~13절)

주기도문

주기도문

하늘에 계신 우리

하늘에 계신 우리

아버지여 이름이 거

아버지여 이름이 거

룩히 여김을 받으시

룩히 여김을 받으시

오며 나라가 임하시

오며 나라가 임하시

오며 뜻이 하늘에서
오며 뜻이 하늘에서

이루어진 것 같이
이루어진 것 같이

땅에서도 이루어지이
땅에서도 이루어지이

다 오늘 우리에게
다 오늘 우리에게

일용할 양식을 주시
일용할 양식을 주시

옵고 우리가 우리에
옵고 우리가 우리에

게 죄 지은 자를
게 죄 지은 자를

사하여 준 것 같이
사하여 준 것 같이

우리 죄를 사하여
우리 죄를 사하여

주시옵고 우리를 시
주시옵고 우리를 시

험에 들게 하지 마
험에 들게 하지 마

시옵고 다만 악에서
시옵고 다만 악에서

구하시옵소서 (나라와
구하시옵소서 (나라와

권세와 영광이 아버
권세와 영광이 아버

지께 영원히 있사옵
지께 영원히 있사옵

나 이 다 아 멘)

나 이 다 아 멘)

마 태 복 음 6 장 9 ~ 13 절

마 태 복 음 6 장 9 ~ 13 절

시편 1편

1. 복 있는 사람은 악인들의 꾀를 따르지 아니하며 죄인들의 길에 서지 아니하며 오만한 자들의 자리에 앉지 아니하고

2. 오직 여호와의 율법을 즐거워하여 그의 율법을 주야로 묵상하는도다

3. 그는 시냇가에 심은 나무가 철을 따라 열매를 맺으며 그 잎사귀가 마르지 아니함 같으니 그가 하는 모든 일이 다 형통하리로다

4. 악인들은 그렇지 아니함이여 오직 바람에 나는 겨와 같도다

5. 그러므로 악인들은 심판을 견디지 못하며 죄인들이 의인들의 모임에 들지 못하리로다

6. 무릇 의인들의 길은 여호와께서 인정하시나 악인들의 길은 망하리로다

시편 1편

시편 1편

복 있는 사람은

복 있는 사람은

악인들의 꾀를 따르

악인들의 꾀를 따르

지 아니하며 죄인들

지 아니하며 죄인들

의 길에 서지 아니

의 길에 서지 아니

하며 오만한 자들의

하며 오만한 자들의

자리에 앉지 아니하

자리에 앉지 아니하

고 오직 여호와의

고 오직 여호와의

율법을 즐거워하여

율법을 즐거워하여

그의 율법을 주야로

그의 율법을 주야로

묵상하는도다 그는

묵상하는도다 그는

시냇가에 심은 나무

시냇가에 심은 나무

가 철을 따라 열매

가 철을 따라 열매

를 맺으며 그 잎사

를 맺으며 그 잎사

귀가 마르지 아니함

귀가 마르지 아니함

같으니 그가 하는
같으니 그가 하는

모든 일이 다 형통
모든 일이 다 형통

하리로다 악인들은
하리로다 악인들은

그렇지 아니함이여
그렇지 아니함이여

오직 바람에 나는
오직 바람에 나는

겨와 같도다 그러므
겨와 같도다 그러므

로 악인들은 심판을
로 악인들은 심판을

견디지 못하며 죄인
견디지 못하며 죄인

들이 의인들의 모임
들이 의인들의 모임

에 들지 못하리로다
에 들지 못하리로다

무릇 의인들의 길은

무릇 의인들의 길은

여호와께서 인정하시

여호와께서 인정하시

나 악인들의 길은

나 악인들의 길은

망하리로다

망하리로다

주기도문 새번역

하늘에 계신 우리 아버지.
아버지의 이름을 거룩하게 하시며
아버지의 나라가 오게 하시며,
아버지의 뜻이 하늘에서와 같이
땅에서도 이루어지게 하소서.
오늘 우리에게 일용할 양식을 주시고,
우리가 우리에게 잘못한 사람을 용서하여 준 것같이
우리 죄를 용서하여 주시고,
우리를 시험에 빠지지 않게 하시고
악에서 구하소서,
나라와 권능과 영광이 영원히 아버지의 것입니다. 아멘

시편 1편 (쉬운 성경)

1. 행복한 사람은 나쁜 사람들의 꼬임에 따라가지 않는 사람입니다. 행복한 사람은 죄인들이 가는 길에 함께 서지 않으며, 빈정대는 사람들과 함께 자리에 앉지 않는 사람입니다.
2. 그는 여호와의 가르침을 즐거워하고, 밤낮으로 그 가르침을 깊이 생각합니다.
3. 그는 마치 시냇가에 옮겨 심은 나무와 같습니다. 계절을 따라 열매를 맺고 그 잎새가 시들지 않는 나무와 같습니다. 그러므로 그가 하는 일마다 다 잘 될 것입니다.
4. 나쁜 사람들은 그렇지가 않습니다. 그들은 마치 바람에 쉽게 날아가는 겨와 같습니다.
5. 그러므로 나쁜 사람들은 하나님께서 내리시는 벌을 견뎌 낼 수가 없을 것입니다. 죄인들은 착한 사람들과 함께 있을 수 없습니다.
6. 착한 사람들이 가는 길은 여호와께서 보살펴 주시지만, 악한 사람들이 가는 길은 결국 망할 것입니다.

로마서 12장

1. 그러므로 형제들아 내가 하나님의 모든 자비하심으로 너희를 권하노니 너희 몸을 하나님이 기뻐하시는 거룩한 산 제물로 드리라 이는 너희가 드릴 영적 예배니라

2. 너희는 이 세대를 본받지 말고 오직 마음을 새롭게 함으로 변화를 받아 하나님의 선하시고 기뻐하시고 온전하신 뜻이 무엇인지 분별하도록 하라

3. 내게 주신 은혜로 말미암아 너희 각 사람에게 말하노니 마땅히 생각할 그 이상의 생각을 품지 말고 오직 하나님께서 각 사람에게 나누어 주신 믿음의 분량대로 지혜롭게 생각하라

4. 우리가 한 몸에 많은 지체를 가졌으나 모든 지체가 같은 기능을 가진 것이 아니니

5. 이와 같이 우리 많은 사람이 그리스도 안에서 한 몸이 되어 서로 지체가 되었느니라

6. 우리에게 주신 은혜대로 받은 은사가 각각 다르니 혹 예언이면 믿음의 분수대로,

7. 혹 섬기는 일이면 섬기는 일로, 혹 가르치는 자면 가르치는 일로,

8. 혹 위로하는 자면 위로하는 일로, 구제하는 자는 성실함으로, 다스리는 자는 부지런함으로, 긍휼을 베푸는 자는 즐거움으로 할 것이니라

9. 사랑에는 거짓이 없나니 악을 미워하고 선에 속하라

10. 형제를 사랑하여 서로 우애하고 존경하기를 서로 먼저 하며

11. 부지런하여 게으르지 말고 열심을 품고 주를 섬기라

12. 소망 중에 즐거워하며 환난 중에 참으며 기도에 항상 힘쓰며

13. 성도들의 쓸 것을 공급하며 손 대접하기를 힘쓰라

14. 너희를 박해하는 자를 축복하라 축복하고 저주하지 말라

15. 즐거워하는 자들과 함께 즐거워하고 우는 자들과 함께 울라

16. 서로 마음을 같이하며 높은 데 마음을 두지 말고 도리어 낮은 데 처하며 스스로 지혜 있는 체 하지 말라

17. 아무에게도 악을 악으로 갚지 말고 모든 사람 앞에서 선한 일을 도모하라

18. 할 수 있거든 너희로서는 모든 사람과 더불어 화목하라

19. 내 사랑하는 자들아 너희가 친히 원수를 갚지 말고 하나님의 진노하심에 맡기라 기록되었으되 원수 갚는 것이 내게 있으니 내가 갚으리라고 주께서 말씀하시니라

20. 네 원수가 주리거든 먹이고 목마르거든 마시게 하라 그리함으로 네가 숯불을 그 머리에 쌓아 놓으리라

21. 악에게 지지 말고 선으로 악을 이기라

로마서 12장

그러므로 형제들아 내가 하나님의 모든 자비하심으로 너희를 권하노니 너희 몸을 하나님이 기뻐하시는 거룩한 산 제물로

드리라 이는 너희가
드릴 영적 예배니라
너희는 이 세대를
본받지 말고 오직
마음을 새롭게 함으
로 변화를 받아 하
나님의 선하시고 기

빼하시고 온전하신
뜻이 무엇인지 분별
하도록 하라 내게
주신 은혜로 말미암
아 너희 각 사람에
게 말하노니 마땅히
생각할 그 이상의

생각을 품지 말고

오직 하나님께서 각

사람에게 나누어 주

신 믿음의 분량대로

지혜롭게 생각하라

우리가 한 몸에 많

은 지체를 가졌으나

모든 지체가 같은

기능을 가진 것이

아니니 이와 같이

우리 많은 사람이

그리스도 안에서 한

몸이 되어 서로 지

체가 되었느니라 우

리에게 주신 은혜대

로 받은 은사가 각

각 다르니 혹 예언

이면 믿음의 분수대

로, 혹 섬기는 일이

면 섬기는 일로, 혹

가르치는 자면 가르

치는 일로, 혹 위로
하는 자면 위로하는
일로, 구제하는 자는
성실함으로, 다스리는
자는 부지런함으로,
긍휼을 베푸는 자는
즐거움으로 할 것이

니라 사랑에는 거짓
이 없나니 악을 미
워하고 선에 속하라
형제를 사랑하여 서
로 우애하고 존경하
기를 서로 먼저 하
며 부지런하여 게으

르지 말고 열심을

품고 주를 섬기라

소망 중에 즐거워하

며 환난 중에 참으

며 기도에 항상 힘

쓰며 성도들의 쓸

것을 공급하며 손

대접하기를 힘쓰라
너희를 박해하는 자
를 축복하라 축복하
고 저주하지 말라
즐거워하는 자들과
함께 즐거워하고 우
는 자들과 함께 울

라 서로 마음을 같

이하며 높은 데 마

음을 두지 말고 도

리어 낮은 데 처하

며 스스로 지혜있는

체 하지 말라 아무

에게도 악을 악으로

갚지 말고 모든 사

람앞에서 선한 일을

도모하라 할 수 있

거든 너희로서는 모

든 사람과 더불어

화목하라 내 사랑하

는 자들아 너희가

친히 원수를 갚지
말고 하나님의 진노
하심에 맡기라 기록
되었으되 원수 갚는
것이 내게 있으니
내가 갚으리라고 주
께서 말씀하시니라

네 원수가 주리거든
먹이고 목마르거든
마시게 하라 그리함
으로 네가 숯불을
그 머리에 쌓아 놓
으리라 악에게 지지
말고 선으로 악을

이 기 라

로마서 12장 (쉬운 성경)

1. 그러므로 성도 여러분, 나는 하나님의 자비로써 여러분에게 권합니다. 여러분의 몸을 하나님을 기쁘시게 하는 거룩한 살아 있는 제물로 드리십시오. 이것이야말로 여러분이 마땅히 드려야 할 영적인 예배입니다.
2. 여러분은 이 세상을 본받지 말고, 마음을 새롭게 하여 변화를 받으십시오. 그러면 여러분은 하나님의 선하시고 기뻐하시고 온전하신 뜻이 무엇인지를 분별할 수 있게 될 것입니다.
3. 하나님께서 나에게 주신 은혜를 힘입어 여러분 한 사람 한 사람에게 말씀드리겠습니다. 여러분은 여러분 자신에 대하여 마땅히 생각해야 할 것 외에 다른 것을 생각하지 마십시오. 여러분은 하나님께서 각자에게 주신 믿음의 분량대로, 냉철한 판단을 가지고 자신에 대하여 생각하십시오.
4. 사람에게 몸이 있고 그 몸에는 많은 지체가 있어, 그 지체들이 하는 일이 각기 다른 것처럼,
5. 우리도 여럿이지만 그리스도 안에서 한 몸을 이루었고, 한 사람 한 사람이 서로에 대해 지체로서 연결되어 있습니다.
6. 우리는 하나님께서 우리에게 주신 은혜에 따라 저마다 다른 선물을 받았습니다. 예를 들어 그것이 예언의 선물이라면 믿음의 분량대로 그 선물을 사용하십시오.
7. 봉사하는 선물이면 봉사하는 일로, 가르치는 선물이면 가르치는 일로,
8. 격려하는 선물이면 격려하는 일로, 남을 구제하는 선물이면 너그럽게 나누는 일로, 지도하는 선물이면 열성을 다해, 자선을 베푸는 것이면 기쁨으로 그 선물을 사용하십시오.
9. 사랑은 거짓이 없어야 합니다. 악을 미워하고, 선을 굳게 붙드십시오.
10. 형제 자매를 사랑하듯이 서로 사랑하며, 자신보다 남을 더 존경하십시오.
11. 열심히 일하고 게으르지 마십시오. 성령으로 달구어진 마음을 가지고 주님을 섬기십시오.
12. 소망을 가지고 기뻐하십시오. 환난 속에서도 잘 참으십시오. 꾸준히 기도하십시오.
13. 성도들에게 필요한 것을 나눠 주십시오. 나그네를 후하게 대접하십시오.
14. 여러분을 핍박하는 사람들을 축복하십시오. 그들을 위해 복을 빌고 저주하지 마십시오.
15. 기뻐하는 사람들과 함께 기뻐하고, 슬퍼하는 사람들과 함께 슬퍼하십시오.
16. 서로 한 마음이 되십시오. 교만한 마음을 품지 마십시오. 하찮아 보이는 사람들과도 기꺼이 사귀십시오. 스스로 지혜 있는 척하지 마십시오.
17. 아무에게도 악을 악으로 갚지 마십시오. 모든 사람이 보기에 선한 일을 하십시오.
18. 여러분 쪽에서 할 수 있는 일이라면 모든 사람과 더불어 화평하게 지내십시오.
19. 사랑하는 여러분, 여러분이 직접 원수를 갚지 말고 하나님의 진노에 맡기십시오. 성경에 이렇게 기록되어 있습니다. "주님께서 말씀하시기를, '원수 갚는 것이 나에게 있으니 내가 갚을 것이라.'"
20. 여러분은 이렇게 하십시오. "원수가 먹을 것이 없어 굶고 있으면 먹을 것을 주고, 목말라 하면 마실 것을 주십시오. 그렇게 하는 것은 그의 머리 위에 숯불을 쌓는 것이기 때문입니다."
21. 악에게 지지 말고 선으로 악을 이기십시오.

중심선 없는 칸에서 쓰기

고린도전서 13장

시편 23편

시편 42편

고린도전서 13장

1. 내가 사람의 방언과 천사의 말을 할지라도 사랑이 없으면 소리 나는 구리와 울리는 꽹과리가 되고

2. 내가 예언하는 능력이 있어 모든 비밀과 모든 지식을 알고 또 산을 옮길 만한 모든 믿음이 있을지라도 사랑이 없으면 내가 아무 것도 아니요

3. 내가 내게 있는 모든 것으로 구제하고 또 내 몸을 불사르게 내줄지라도 사랑이 없으면 내게 아무 유익이 없느니라

4. 사랑은 오래 참고 사랑은 온유하며 시기하지 아니하며 사랑은 자랑하지 아니하며 교만하지 아니하며

5. 무례히 행하지 아니하며 자기의 유익을 구하지 아니하며 성내지 아니하며 악한 것을 생각하지 아니하며

6. 불의를 기뻐하지 아니하며 진리와 함께 기뻐하고

7. 모든 것을 참으며 모든 것을 믿으며 모든 것을 바라며 모든 것을 견디느니라.

8. 사랑은 언제까지나 떨어지지 아니하되 예언도 폐하고 방언도 그치고 지식도 폐하리라

9. 우리는 부분적으로 알고 부분적으로 예언하니

10. 온전한 것이 올 때에는 부분적으로 하던 것이 폐하리라

11. 내가 어렸을 때에는 말하는 것이 어린 아이와 같고 깨닫는 것이 어린 아이와 같고 생각하는 것이 어린 아이와 같다가 장성한 사람이 되어서는 어린 아이의 일을 버렸노라

12. 우리가 지금은 거울로 보는 것 같이 희미하나 그 때에는 얼굴과 얼굴을 대하여 볼 것이요 지금은 내가 부분적으로 아나 그 때에는 주께서 나를 아신 것 같이 내가 온전히 알리라

13. 그런즉 믿음, 소망, 사랑, 이 세 가지는 항상 있을 것인데 그 중의 제일은 사랑이라

고린도전서 13장
고린도전서 13장
내가 사람의 방언
내가 사람의 방언
과 천사의 말을 할
과 천사의 말을 할
지라도 사랑이 없으
지라도 사랑이 없으
면 소리나는 구리와
면 소리나는 구리와
울리는 꽹과리가 되
울리는 꽹과리가 되
고 내가 예언하는
고 내가 예언하는

능력이 있어 모든
능력이 있어 모든
비밀과 모든 지식을
비밀과 모든 지식을
알고 또 산을 옮길
알고 또 산을 옮길
만한 모든 믿음이
만한 모든 믿음이
있을지라도 사랑이
있을지라도 사랑이
없으면 내가 아무
없으면 내가 아무
것도 아니요. 내가
것도 아니요. 내가

내게 있는 모든 것

내게 있는 모든 것

으로 구제하고 또

으로 구제하고 또

내 몸을 불사르게

내 몸을 불사르게

내줄지라도 사랑이

내줄지라도 사랑이

없으면 내게 아무

없으면 내게 아무

유익이 없느니라. 사

유익이 없느니라. 사

랑은 오래 참고 사

랑은 오래 참고 사

랑은 온유하며 시기
랑은 온유하며 시기
하지 아니하며 사랑
하지 아니하며 사랑
은 자랑하지 아니하
은 자랑하지 아니하
며 교만하지 아니하
며 교만하지 아니하
며 무례히 행하지
며 무례히 행하지
아니하며 자기의 유
아니하며 자기의 유
익을 구하지 아니하
익을 구하지 아니하

며 성내지 아니하며
며 성내지 아니하며

악한 것을 생각하지
악한 것을 생각하지

아니하며 불의를 기
아니하며 불의를 기

뻐하지 아니하며 진
뻐하지 아니하며 진

리와 함께 기뻐하고
리와 함께 기뻐하고

모든 것을 참으며
모든 것을 참으며

모든 것을 믿으며
모든 것을 믿으며

모든 것을 바라며
모든 것을 바라며
모든 것을 견디느니
모든 것을 견디느니
라 사랑은 언제까지
라 사랑은 언제까지
나 떨어지지 아니하
나 떨어지지 아니하
되 예언도 폐하고
되 예언도 폐하고
방언도 그치고 지식
방언도 그치고 지식
도 폐하리라 우리는
도 폐하리라 우리는

부분적으로 알고 부
부분적으로 알고 부
분적으로 예언하니
분적으로 예언하니
온전한 것이 올 때
온전한 것이 올 때
에는 부분적으로 하
에는 부분적으로 하
던 것이 폐하리라.
던 것이 폐하리라.
내가 어렸을 때에는
내가 어렸을 때에는
말하는 것이 어린
말하는 것이 어린

아이와 같고 깨닫는
아이와 같고 깨닫는
것이 어린 아이와
것이 어린 아이와
같고 생각하는 것이
같고 생각하는 것이
어린 아이와 같다가
어린 아이와 같다가
장성한 사람이 되어
장성한 사람이 되어
서는 어린 아이의
서는 어린 아이의
일을 버렸노라. 우리
일을 버렸노라. 우리

가 지금은 거울로
가 지금은 거울로
보는 것 같이 희미
보는 것 같이 희미
하나 그 때에는 얼
하나 그 때에는 얼
굴과 얼굴을 대하여
굴과 얼굴을 대하여
볼 것이요. 지금은
볼 것이요. 지금은
내가 부분적으로 아
내가 부분적으로 아
나 그 때에는 주께
나 그 때에는 주께

서 나를 아신 것
서 나를 아신 것
같이 내가 온전히
같이 내가 온전히
알리라. 그런즉 믿음
알리라. 그런즉 믿음
소망, 사랑, 이 세
소망, 사랑, 이 세
가지는 항상 있을
가지는 항상 있을
것인데 그 중의 제
것인데 그 중의 제
일은 사랑이라.
일은 사랑이라.

시편 23편

1. 여호와는 나의 목자시니 내가 부족함이 없으리로다

2. 그가 나를 푸른 풀밭에 누이시며 쉴 만한 물 가로 인도하시는도다

3. 내 영혼을 소생시키시고 자기 이름을 위하여 의의 길로 인도하시는도다

4. 내가 사망의 음침한 골짜기로 다닐지라도 해를 두려워하지 않을 것은 주께서 나와 함께 하심이라 주의 지팡이와 막대기가 나를 안위하시나이다

5. 주께서 내 원수의 목전에서 내게 상을 차려 주시고 기름을 내 머리에 부으셨으니 내 잔이 넘치나이다

6. 내 평생에 선하심과 인자하심이 반드시 나를 따르리니 내가 여호와의 집에 영원히 살리로다

시편 23편
시편 23편

여호와는 나의 목
여호와는 나의 목

자시니 내게 부족함
자시니 내게 부족함

이 없으리로다. 그가
이 없으리로다. 그가

나를 푸른 풀밭에
나를 푸른 풀밭에

누이시며 쉴 만한
누이시며 쉴 만한

물가로 인도하시는도
물가로 인도하시는도

다. 내 영혼을 소생
다. 내 영혼을 소생

시키시고, 자기 이름
시키시고, 자기 이름

을 위하여 의의 길
을 위하여 의의 길

로 인도하시는도다.

로 인도하시는도다.

내가 사망의 음침

내가 사망의 음침

한 골짜기로 다닐지

한 골짜기로 다닐지

라도 해를 두려워하

라도 해를 두려워하

지 않을 것은 주께

지 않을 것은 주께

서 나와 함께 하심

이라. 주의 지팡이와

막대기가 나를 안위

하시나이다. 주께서

내 원수의 목전에서

내게 상을 차려 주
내게 상을 차려 주

시고 기름을 내 머
시고 기름을 내 머

리에 부으셨으니 내
리에 부으셨으니 내

잔이 넘치나이다. 내
잔이 넘치나이다. 내

평생에 선하심과 인
평생에 선하심과 인

자하심이 반드시 나
자하심이 반드시 나
를 따르리니 내가
를 따르리니 내가
여호와의 집에 영원
여호와의 집에 영원
히 살리로다.
히 살리로다.

고린도전서 13장 (쉬운 성경)

1. 내가 사람의 방언과 천사의 말을 하더라도 내게 사랑이 없다면, 나는 울리는 종과 시끄러운 꽹과리와 다를 게 없습니다.
2. 내가 예언하는 선물을 받고, 모든 비밀과 모든 지식을 헤아리고, 또 산을 옮길 만한 믿음을 가지고 있다 하더라도 내게 사랑이 없다면, 나는 아무것도 아닙니다.
3. 내가 내 모든 재산을 나누어 주고 내 몸을 불사르게 내어 준다 하더라도 사랑이 없으면 내가 얻는 것은 아무것도 없습니다.
4. 사랑은 오래 참습니다. 사랑은 친절합니다. 사랑은 시기하지 않습니다. 사랑은 자랑하지 않습니다. 사랑은 교만하지 않습니다.
5. 사랑은 무례히 행동하지 않습니다. 사랑은 자기 유익을 구하지 않습니다. 사랑은 쉽게 성내지 않습니다. 사랑은 원한을 품지 않습니다.
6. 사랑은 불의를 기뻐하지 않고 진리와 함께 기뻐합니다.
7. 사랑은 모든 것을 덮어 주며, 모든 것을 믿으며, 모든 것을 소망하며, 모든 것을 견뎌 냅니다.
8. 사랑은 영원합니다. 예언은 있다가도 없고, 방언도 있다가 그치며, 지식도 있다가 사라질 것입니다.
9. 우리가 지금은 부분적으로 알며, 부분적으로 예언하지만
10. 완전한 것이 오면 부분적인 것은 사라지게 될 것이기 때문입니다.
11. 내가 어렸을 때는 말하는 것이 어린아이와 같고, 생각하는 것이 어린아이와 같고, 깨닫는 것이 어린아이와 같았지만, 어른이 되어서는 유치한 것들을 버렸습니다.
12. 지금은 우리가 거울을 통해 보는 것같이 희미하게 보지만, 그 때에는 얼굴과 얼굴을 마주 보듯이 보게 될 것입니다. 지금은 우리가 부분적으로 알지만 그 때에는 하나님께서 나를 아신 것처럼 완전하게 알게 될 것입니다.
13. 그런즉 믿음, 소망, 사랑, 이 세 가지는 항상 있을 것인데, 그 중에서 가장 위대한 것은 사랑입니다.

시편 23편 (쉬운 성경)

1. 여호와는 나의 목자시니 내게 부족함이 없습니다.
2. 그가 나를 푸른 풀밭에서 쉬게 하십니다. 여호와는 나를 잔잔한 물가로 이끌어 쉬게 하시며
3. 나에게 새 힘을 주십니다. 자신의 이름을 위하여, 주님은 나를 의로운 길로 인도하십니다.
4. 내가 음산한 죽음의 골짜기를 지나가게 된다 하더라도, 나는 겁나지 않습니다. 그것은 주님께서 나와 함께 계시기 때문입니다. 주님의 막대기와 지팡이가 나를 든든하게 보호해 줍니다.
5. 주님께서 원수들이 보는 앞에서 내게 식탁을 차려 주십니다. 그리고 주님께서 내 머리 위에 향기로운 기름을 바르시며 내 잔이 넘치도록 가득 채워 주십니다.
6. 여호와의 선하심과 사랑하심이 내가 죽는 날까지 나와 함께하실 것이 틀림없습니다. 이제 나는 여호와의 집에서 영원히 살 것입니다.

시편 42편

1. 하나님이여 사슴이 시냇물을 찾기에 갈급함 같이 내 영혼이 주를
찾기에 갈급하니이다

2. 내 영혼이 하나님 곧 살아 계시는 하나님을 갈망하나니 내가 어느
때에 나아가서 하나님의 얼굴을 뵈올까

3. 사람들이 종일 내게 하는 말이 네 하나님이 어디 있느뇨 하오니
내 눈물이 주야로 내 음식이 되었도다

4. 내가 전에 성일을 지키는 무리와 동행하여 기쁨과 감사의 소리를
내며 그들을 하나님의 집으로 인도하였더니 이제 이 일을 기억하고
내 마음이 상하는도다

5. 내 영혼아 네가 어찌하여 낙심하며 어찌하여 내 속에서 불안해 하는가 너는
하나님께 소망을 두라 그가 나타나 도우심으로 말미암아 내가 여전히
찬송하리로다

6. 내 하나님이여 내 영혼이 내 속에서 낙심이 되므로 내가 요단 땅과
헤르몬과 미살 산에서 주를 기억하나이다

7. 주의 폭포 소리에 깊은 바다가 서로 부르며 주의 모든 파도와 물결이 나를 휩쓸었나이다

8. 낮에는 여호와께서 그의 인자하심을 베푸시고 밤에는 그의 찬송이 내게 있어 생명의 하나님께 기도하리로다

9. 내 반석이신 하나님께 말하기를 어찌하여 나를 잊으셨나이까 내가 어찌하여 원수의 압제로 말미암아 슬프게 다니나이까 하리로다

10. 내 뼈를 찌르는 칼 같이 내 대적이 나를 비방하여 늘 내게 말하기를 네 하나님이 어디 있느냐 하도다

11. 내 영혼아 네가 어찌하여 낙심하며 어찌하여 내 속에서 불안해 하는가 너는 하나님께 소망을 두라 나는 그가 나타나 도우심으로 말미암아 내 하나님을 여전히 찬송하리로다

시편 42편

하나님이여 사슴이
시냇물을 찾기에 갈
급함 같이 내 영혼
이 주를 찾기에 갈
급하나이다 내 영혼
이 하나님 곧 살아

계시는 하나님을 갈

망하나니 내가 어느

때에 나아가서 하나

님의 얼굴을 뵈올까

사람들이 종일 내게

하는 말이 네 하나

님이 어디 있느뇨

하오니 내 눈물이
주야로 내 음식이
되었도다 내가 전에
성일을 지키는 무리
와 동행하여 기쁨과
감사의 소리를 내며
그들을 하나님의 집

으로 인도하였더니

이제 이 일을 기억

하고 내 마음이 상

하는도다 내 영혼아

네가 어찌하여 낙심

하며 어찌하여 내

속에서 불안해 하는

가 너는 하나님께
소망을 두라 그가
나타나 도우심으로
말미암아 내가 여전
히 찬송하리로다 내
하나님이여 내 영혼
이 내 속에서 낙심

이 되므로 내가 요

단 땅과 헤르몬과

미살 산에서 주를

기억하나이다 주의

폭포 소리에 깊은

바다가 서로 부르며

주의 모든 파도와

물결이 나를 휩쓸었

나이다 낮에는 여호

와께서 그의 인자하

심을 베푸시고 밤에

는 그의 찬송이 내

게 있어 생명의 하

나님께 기도하리로다

내 반석이신 하나님
께 말하기를 어찌하
여 나를 잊으셨나이
까 내가 어찌하여
원수의 압제로 말미
암아 슬프게 다니나
이까 하리로다 내

뼈를 찌르는 칼 같

이 내 대적이 나를

비방하여 늘 내게

말하기를 네 하나님

이 어디 있느냐 하

도다 내 영혼아 네

가 어찌하여 낙심하

며 어찌하여 내 속
에서 불안해 하는가
너는 하나님께 소망
을 두라 나는 그가
나타나 도우심으로
말미암아 하나님을
여전히 찬송하리로다

시편 42편 (쉬운 성경)

1. 목마른 사슴이 시냇물을 찾아 헤매이듯이 오 하나님이시여, 내 영혼이 주를 찾아 헤매입니다.

2. 내가 살아 계신 하나님을 애타게 그리워합니다. 언제 내가 하나님을 만나러 갈 수 있겠습니까?

3. 낮이면 낮마다, 밤이면 밤마다 내 눈물이 양식이 되었습니다. 사람들은 언제나 내게 말합니다. "너의 하나님이 어디 있지?"

4. 지난 일들을 생각하면 할수록 내 가슴이 찢어집니다. 나는 사람들을 이끌고, 하나님의 성전을 향해 들어가곤 했습니다. 기뻐 소리를 지르고 감사의 찬송을 부르며, 그 행복한 사람들과 어울리곤 했습니다.

5. 오 내 영혼아, 어찌하여 슬퍼하는가? 왜 그렇게 속상해하는가? 하나님께 희망을 가져야 할 것이다. 나를 구원하신 분이시며 나의 하나님이신 그분을 마땅히 찬양해야 할 것이 아닌가?

6. 내가 몹시 슬프지만 주를 기억하겠습니다. 요단 강이 시작되는 땅에서, 헤르몬 산에서, 미살 산에서, 내가 주를 기억할 것입니다.

7. 주의 폭포수가 큰 소리를 내며 떨어지듯이 어렵고 괴로운 일들이 계속 나에게 찾아옵니다. 주의 파도와 물을 부수며 파괴하는 소리가 나를 둘러 덮고 있습니다.

8. 낮에는 여호와께서 사랑을 보여 주시고 밤이면 내가 주를 노래하며 나의 생명이신 하나님께 기도합니다.

9. 나는 나의 바위가 되시는 하나님께 외칩니다. "왜 나를 잊어 버리셨습니까? 왜 내가 슬피 울면서 돌아다녀야 합니까? 왜 원수들 때문에 괴로워해야 합니까?"

10. 내 원수들의 비웃는 말을 들으면 내 뼈가 부서지는 듯 괴롭습니다. 원수들은 늘 이렇게 말합니다. "네 하나님이 어디 있지?"

11. 오 내 영혼아, 어찌하여 슬퍼하는가? 왜 그렇게 속상해하는가? 하나님께 희망을 가져야 할 것이다. 나를 구원하신 분이시며 나의 하나님이신 그분을 마땅히 찬양해야 할 것이 아닌가?

줄노트에서 쓰기

민수기 23장 19절 | 신명기 6장 5절
여호수아 1장 8~9절
시편 37편 4절 | 시편 37편 23~24절

잠언 9장 10절 | 잠언 16장 3절
잠언 16장 9절 | 잠언 19장 11절
마태복음 5장 44절 | 마태복음 6장 6절

마태복음 11장 28~30절
요한복음 3장 16절 | 요한복음 8장 12절
요한복음 13장 34절 | 요한복음 14장 6절

사도행전 1장 8절 | 사도행전 16장 31절
로마서 5장 19절 | 로마서 8장 28절
고린도전서 10장 13절

갈라디아서 2장 16절
빌립보서 4장 6~7절
빌립보서 4장 13절 | 데살로니가전서 5장 16~18절

민수기 23장 19절

하나님은 사람이 아니시니 거짓말을 하지 않으시고 인생이 아니시니 후회가 없으시도다
어찌 그 말씀하신 바를 행하지 않으시며 하신 말씀을 실행하지 않으시랴

신명기 6장 5절

너는 마음을 다하고 뜻을 다하고 힘을 다하여 네 하나님 여호와를 사랑하라

여호수아 1장 8~9절

8 이 율법책을 네 입에서 떠나지 말게 하며 주야로 그것을 묵상하며 그 안에 기록된 대로 다 지켜 행하라 그리하면 네 길이 형통하리라

9 내가 네게 명령한 것이 아니냐 강하고 담대하라 두려워하지 말며 놀라지 말라 네가 어디로 가든지 네 하나님 여호와가 너와 함께 하느니라 하시니라

시편 37편 4절

또 여호와를 기뻐하라 그가 네 마음의 소원을 네게 이루어 주시리로다

시편 37편 23~24절

23 여호와께서 사람의 걸음을 정하시고 그의 길을 기뻐하시나니

24 그는 넘어지나 아주 엎드러지지 아니함은 여호와께서 그의 손으로 붙드심이로다

민수기 23장 19절

하나님은 사람이 아니시니 거짓말을 하지
않으시고 인생이 아니시니 후회가 없으시도다
어찌 그 말씀하신 바를 행하지 않으시며 하신
말씀을 실행하지 않으시랴

신명기 6장 5절

너는 마음을 다하고 뜻을 다하고 힘을 다하여
네 하나님 여호와를 사랑하라

여호수아 1장 8~9절

8 이 율법책을 네 입에서 떠나지 말게 하며
주야로 그것을 묵상하며 그 안에 기록된 대로
다 지켜 행하라 그리하면 네 길이 형통하리라
9 내가 네게 명령한 것이 아니냐 강하고 담대하라
두려워하지 말며 놀라지 말라 네가 어디로
가든지 네 하나님 여호와가 너와 함께 하느니라
하시니라

시편 37편 4절

또 여호와를 기뻐하라 그가 네 마음의
소원을 네게 이루어 주시리로다

시편 37편 23~24절

23 여호와께서 사람의 걸음을 정하시고
그의 길을 기뻐하시나니
24 그는 넘어지나 아주 엎드러지지 아니함은
여호와께서 그의 손으로 붙드심이로다

잠언 9장 10절

여호와를 경외하는 것이 지혜의 근본이요 거룩하신 자를 아는 것이 명철이니라

잠언 16장 3절

너의 행사를 여호와께 맡기라
그리하면 네가 경영하는 것이 이루어지리라

잠언 16장 9절

사람이 마음으로 자기의 길을 계획할지라도 그의 걸음을 인도하시는 이는 여호와시니라

잠언 19장 11절

노하기를 더디 하는 것이 사람의 슬기요 허물을 용서하는 것이 자기의 영광이니라

마태복음 5장 44절

나는 너희에게 이르노니 너희 원수를 사랑하며 너희를 박해하는 자를 위하여 기도하라

마태복음 6장 6절

너는 기도할 때에 네 골방에 들어가 문을 닫고 은밀한 중에 계신 네 아버지께 기도하라 은밀한 중에 보시는 네 아버지께서 갚으시리라

잠언 9장 10절

여호와를 경외하는 것이 지혜의 근본이요

거룩하신 자를 아는 것이 명철이니라

잠언 16장 3절

너의 행사를 여호와께 맡기라

그리하면 네가 경영하는 것이 이루어지리라

잠언 16장 9절

사람이 마음으로 자기의 길을 계획할지라도

그의 걸음을 인도하시는 이는 여호와시니라

잠언 19장 11절

노하기를 더디 하는 것이 사람의 슬기요

허물을 용서하는 것이 자기의 영광이니라

마태복음 5장 44절

나는 너희에게 이르노니 너희 원수를 사랑
하며 너희를 박해하는 자를 위하여 기도하라

마태복음 6장 6절

너는 기도할 때에 네 골방에 들어가 문을
닫고 은밀한 중에 계신 네 아버지께 기도하라
은밀한 중에 보시는 네 아버지께서 갚으시리라

마태복음 11장 28~30절

28 수고하고 무거운 짐 진 자들아 다 내게로 오라 내가 너희를 쉬게 하리라

29 나는 마음이 온유하고 겸손하니 나의 멍에를 메고 내게 배우라 그리하면
너희 마음이 쉼을 얻으니

30 이는 내 멍에는 쉽고 내 짐은 가벼움이라 하시니라

요한복음 3장 16절

하나님이 세상을 이처럼 사랑하사 독생자를 주셨으니 이는 그를 믿는 자마다 멸망하지 않고 영생을 얻게 하려 하심이라

요한복음 8장 12절

예수께서 또 말씀하여 이르시되 나는 세상의 빛이니 나를 따르는 자는 어둠에 다니지 아니하고 생명의 빛을 얻으리라

요한복음 13장 34절

새 계명을 너희에게 주노니 서로 사랑하라 내가 너희를 사랑한 것 같이 서로 사랑하라

요한복음 14장 6절

예수께서 이르시되 내가 곧 길이요 진리요 생명이니 나로 말미암지 않고는 아버지께로 올 자가 없느니라

마태복음 11장 28~30절

28 수고하고 무거운 짐 진 자들아 다 내게로 오라
내가 너희를 쉬게 하리라
29 나는 마음이 온유하고 겸손하니 나의 멍에를
메고 내게 배우라 그리하면 너희 마음이
쉼을 얻으니
30 이는 내 멍에는 쉽고 내 짐은 가벼움이라
하시니라

요한복음 3장 16절

하나님이 세상을 이처럼 사랑하사 독생자를
주셨으니 이는 그를 믿는 자마다 멸망하지 않고
영생을 얻게 하려 하심이라

요한복음 8장 12절

예수께서 또 말씀하여 이르시되 나는 세상의
빛이니 나를 따르는 자는 어둠에 다니지 아니
하고 생명의 빛을 얻으리라

요한복음 13장 34절

새 계명을 너희에게 주노니 서로 사랑하라

내가 너희를 사랑한 것 같이 서로 사랑하라

요한복음 14장 6절

예수께서 이르시되 내가 곧 길이요 진리요

생명이니 나로 말미암지 않고는 아버지께로

올 자가 없느니라

사도행전 1장 8절

오직 성령이 너희에게 임하시면 너희가 권능을 받고 예루살렘과 온 유대와 사마리아와 땅끝까지 이르러 내 증인이 되리라 하시니라

사도행전 16장 31절

이르되 주 예수를 믿으라 그리하면 너와 네 집이 구원을 받으리라 하고

로마서 5장 19절

한 사람이 순종하지 않으므로 많은 사람이 죄인 된 것 같이 한 사람이 순종하심으로 많은 사람이 의인이 되리라

로마서 8장 28절

우리가 알거니와 하나님을 사랑하는 자 곧 그의 뜻대로 부르심을 입은 자들에게는 모든 것이 합력하여 선을 이루느니라

고린도전서 10장 13절

사람이 감당할 시험밖에는 너희가 당한 것이 없나니 오직 하나님은 미쁘사 너희가 감당하지 못할 시험당함을 허락하지 아니하시고 시험당할 즈음에 또한 피할 길을 내사 너희로 능히 감당하게 하시느니라

사도행전 1장 8절

오직 성령이 너희에게 임하시면 너희가 권능을
받고 예루살렘과 온 유대와 사마리아와 땅끝까지
이르러 내 증인이 되리라 하시니라

사도행전 16장 31절

이르되 주 예수를 믿으라 그리하면
너와 네 집이 구원을 받으리라 하고

로마서 5장 19절

한 사람이 순종하지 않으므로 많은 사람이 죄인
된 것 같이 한 사람이 순종하심으로 많은 사람이
의인이 되리라

로마서 8장 28절

우리가 알거니와 하나님을 사랑하는 자 곧 그의
뜻대로 부르심을 입은 자들에게는 모든 것이 합력
하여 선을 이루느니라

고린도전서 10장 13절

사람이 감당할 시험밖에는 너희가 당한 것이 없나니 오직 하나님은 미쁘사 너희가 감당하지 못할 시험당함을 허락하지 아니하시고 시험당할 즈음에 또한 피할 길을 내사 너희로 능히 감당하게 하시느니라

갈라디아서 2장 16절

사람이 의롭게 되는 것은 율법의 행위로 말미암음이 아니요 오직 예수그리스도를 믿음으로 말미암는 줄 알므로 우리도 그리스도 예수를 믿나니 이는 우리가 율법의 행위로써가 아니고 그리스도를 믿음으로써 의롭다 함을 얻으려 함이라 율법의 행위로써는 의롭다 함을 얻을 육체가 없느니라

빌립보서 4장 6~7절

6 아무 것도 염려하지 말고 다만 모든 일에 기도와 간구로, 너희 구할 것을 감사함으로 하나님께 아뢰라

7 그리하면 모든 지각에 뛰어난 하나님의 평강이 그리스도 예수 안에서 너희 마음과 생각을 지키시리라

빌립보서 4장 13절

내게 능력 주시는 자 안에서 내가 모든 것을 할 수 있느니라

데살로니가전서 5장 16~18절

16 항상 기뻐하라

17 쉬지말고 기도하라

18 범사에 감사하라 이것이 그리스도 예수 안에서 너희를 향하신 하나님의 뜻이니라

갈라디아서 2장 16절

사람이 의롭게 되는 것은 율법의 행위로 말미암음이
아니요 오직 예수그리스도를 믿음으로 말미암는
줄 알므로 우리도 그리스도 예수를 믿나니 이는
우리가 율법의 행위로써가 아니고 그리스도를
믿음으로써 의롭다 함을 얻으려 함이라 율법의
행위로써는 의롭다 함을 얻을 육체가 없느니라

빌립보서 4장 6~7절

6 아무 것도 염려하지 말고 다만 모든 일에
기도와 간구로, 너희 구할 것을 감사함으로
하나님께 아뢰라
7 그리하면 모든 지각에 뛰어난 하나님의
평강이 그리스도 예수 안에서 너희 마음과
생각을 지키시리라

빌립보서 4장 13절

내게 능력 주시는 자 안에서 내가

모든 것을 할 수 있느니라

데살로니가전서 5장 16~18절

16 항상 기뻐하라

17 쉬지말고 기도하라

18 범사에 감사하라 이것이 그리스도 예수

안에서 너희를 향하신 하나님의 뜻이니라

야곱의 축복

너는 담장 너머로 뻗은 나무
가지에 푸른 열매처럼
하나님의 귀한 축복이 삶에
가득히 넘쳐날 거야
너는 어떤 시련이 와도 능히
이겨낼 강한 팔이 있어
전능하신 하나님께서 너와
언제나 함께 하시니
너는 하나님의 사람
사랑스런 하나님의 사람
나는 널 위해 기도하며
네 길을 축복할 거야
너는 하나님의 선물
사랑스런 하나님의 열매
주의 품에 꽃 피운 나무가 되어 줘

초판발행 2019년 8월 22일
2쇄 발행 2019년 12월 16일

지은이 김 하 연
펴낸이 이 종 형
펴낸곳 육일문화사
부산시 중구 복병산길6번길 11
전화 051-441-5164
팩스 051-442-6160
book61@hanmail.net

출판등록 제02-01-125호

ISBN 978-89-98445-75-1 03640

값 8,500원

이 도서의 국립중앙도서관 출판예정도서목록(CIP)은 서지정보유통지원시스템 홈페이지(http://seoji.nl.go.kr)와 국가자료종합목록 구축시스템(http://kolis-net.nl.go.kr)에서 이용하실 수 있습니다.
(CIP제어번호 : CIP2019032173)